Notions de Base de la Cybersécurité pour Débutants

Comprendre les menaces en ligne, la protection des mots de passe et comment rester en sécurité dans un monde connecté

Par Joe Correa

Publié par Live Stronger Faster

Première édition

Table des matières

Introduction

Nous vivons dans un monde plus connecté que jamais. Des thermostats intelligents et des trackers de fitness aux services bancaires en ligne et aux données professionnelles stockées dans le cloud, nos vies personnelles et professionnelles sont profondément intégrées au paysage numérique. Si cette commodité offre des opportunités incroyables, elle ouvre également la porte à des risques sans précédent. Chaque jour, des millions de personnes s'exposent sans le savoir aux pirates informatiques, aux escroqueries par hameçonnage, au vol d'identité et aux violations de données — non pas parce qu'elles sont négligentes, mais simplement parce qu'elles ne savent pas à quoi faire attention. C'est là que ce livre, et cette série, commencent.

Notions de base de la cybersécurité pour débutants est votre guide accessible, sans jargon technique, pour comprendre les menaces numériques qui vous entourent et apprendre à protéger vos informations. Ce livre a été écrit pour tout le monde — pas seulement pour les experts en technologie. Que vous soyez un parent souhaitant protéger ses enfants en ligne, un entrepreneur ayant besoin de sécuriser les données de ses clients, ou simplement quelqu'un qui veut éviter de se faire pirater ou escroquer, vous êtes au bon endroit.

La cybersécurité n'est pas réservée aux services informatiques ou aux agences gouvernementales. Elle concerne tout le monde. En réalité, les cybercriminels comptent souvent sur l'ignorance et la négligence. Ils n'ont pas besoin de pirater des systèmes sophistiqués s'ils peuvent simplement inciter quelqu'un à cliquer sur un lien malveillant ou à réutiliser le même mot de passe faible sur des dizaines de comptes. La vérité, c'est que la plupart des violations de sécurité sont évitables grâce aux bonnes habitudes, aux bons outils et à une meilleure sensibilisation — et c'est exactement ce que ce livre va vous apprendre.

Nous commencerons par les bases : ce que signifie réellement la cybersécurité, les types de menaces auxquelles vous pourriez être confronté et pourquoi elle est plus importante que jamais. Ensuite, nous verrons ce qui fait un mot de passe solide (et comment s'en souvenir), comment repérer les e-mails de phishing et les faux sites web, et comment utiliser l'authentification à deux facteurs et les VPN pour protéger vos données comme un professionnel. Vous apprendrez également à sécuriser vos appareils, vos réseaux et même les membres de votre famille, grâce à des stratégies simples et peu coûteuses.

L'objectif de ce livre n'est pas de vous submerger de termes techniques ni de vous plonger dans la peur. Il est de vous donner les moyens d'agir grâce à des étapes pratiques que vous pouvez appliquer immédiatement — même si vous ne vous considérez pas comme une personne « technophile ». Vous n'avez pas besoin d'un diplôme en informatique pour rester en sécurité en ligne. Vous avez simplement besoin du bon état d'esprit et des bonnes informations, présentées de manière claire et applicable.

Il s'agit du Livre 1 de la série Cyber Shield Academy, un parcours en 10 parties pour passer de débutant à utilisateur averti en cybersécurité. Chaque livre de la série est conçu pour vous aider à maîtriser un aspect essentiel de la cybersécurité et de la protection de la vie privée numérique — de la compréhension des menaces et de la sécurisation de vos appareils, à la protection de votre petite entreprise, à la maîtrise des communications sécurisées et à la navigation dans les lois sur la confidentialité des données. Vous y trouverez des outils pratiques, des exemples concrets et des guides étape par étape pour renforcer votre confiance numérique, un sujet à la fois.

Avant de commencer, retenez ceci : les menaces numériques augmentent, mais votre capacité à les déjouer augmente également. Ce livre est la première étape pour reprendre le contrôle de votre vie numérique. Internet est là pour rester — et les risques aussi — mais avec le bon bouclier, vous pouvez rester en sécurité, confiant et maître de la situation.

Commençons votre parcours en cybersécurité.

Chapitre 1 : Qu'est-ce que la cybersécurité et pourquoi est-elle importante

Comprendre la cybersécurité : le champ de bataille moderne

La cybersécurité est la pratique qui consiste à protéger les ordinateurs, les serveurs, les appareils mobiles, les réseaux et les données contre les attaques malveillantes. Dans le monde connecté d'aujourd'hui, presque tout ce que nous faisons – des opérations bancaires et des achats en ligne aux communications et au travail – repose sur des systèmes numériques. Ces systèmes facilitent la vie, mais ils créent également des vulnérabilités. La cybersécurité agit comme une armure invisible qui protège notre présence numérique contre le vol, l'exploitation et la destruction.

Considérez la cybersécurité à la fois comme une routine d'hygiène personnelle et comme un système de défense nationale. À petite échelle, il s'agit d'utiliser des mots de passe solides, de verrouiller son téléphone et d'éviter les liens suspects. À plus grande échelle, cela inclut la protection des hôpitaux contre les attaques par rançongiciel, la sécurisation des réseaux électriques contre les intrusions étrangères et la défense des petites entreprises contre les violations de données clients. Que vous soyez un individu ou une organisation, la cybersécurité constitue votre première ligne de défense.

Les risques réels : ce n'est pas une question de « si », mais de « quand »

Beaucoup de personnes pensent à tort que les cyberattaques ne concernent que les grandes entreprises ou les personnes très riches. En réalité, la majorité des attaques ciblent des individus ordinaires et des petites entreprises. Pourquoi ? Parce qu'ils sont des cibles faciles. Ils disposent rarement de systèmes de sécurité avancés, et les hackers peuvent automatiser des attaques massives pour exploiter les failles.

Si vous avez déjà vu un compte de réseau social piraté, reçu un e-mail suspect provenant prétendument de votre banque, ou constaté des transactions inhabituelles sur votre carte, vous avez déjà été exposé à ces risques. Les cybercriminels utilisent des techniques comme le phishing, les faux sites web ou les logiciels malveillants cachés dans des applications ou des téléchargements gratuits. Ces méthodes demandent peu d'effort mais peuvent voler votre identité, vider votre compte bancaire ou nuire à votre réputation.

La cybersécurité n'est plus une option. Les menaces évoluent chaque jour — et il est essentiel de garder une longueur d'avance. Comprendre les bases est la première étape, et la plus importante.

Les piliers fondamentaux de la cybersécurité

La cybersécurité repose sur plusieurs piliers essentiels qui fonctionnent ensemble pour offrir une protection complète. Le premier est la confidentialité – garder les informations sensibles privées et hors de portée des personnes non autorisées. Cela inclut vos mots de passe, votre numéro de sécurité sociale, vos documents professionnels ou médicaux. Sans confidentialité, la confiance dans les systèmes numériques disparaît.

Le deuxième pilier est l'intégrité – garantir que les données restent exactes et ne soient pas modifiées sans autorisation. Imaginez qu'un hacker puisse modifier vos données bancaires, votre dossier médical ou votre historique professionnel sans que vous le sachiez. L'intégrité garantit que les informations stockées sont fiables.

Le troisième pilier est la disponibilité – assurer que les informations et les systèmes soient accessibles aux bonnes personnes au bon moment. Par exemple, les attaques par déni de service (DoS) peuvent rendre des sites ou des services indisponibles. La disponibilité est essentielle pour les entreprises comme pour les particuliers.

Ces trois principes — confidentialité, intégrité et disponibilité — sont connus sous le nom de « triade CIA ».

Les cybercriminels : qui sont-ils et que veulent-ils ?

Les hackers ne correspondent pas tous au cliché du pirate en sweat à capuche dans un sous-sol. Les cybercriminels prennent de nombreuses formes. Certains agissent seuls pour un gain personnel, d'autres font partie de groupes organisés ou soutenus par des États. Certains utilisent des rançongiciels pour bloquer des systèmes et exiger une rançon, tandis que d'autres se font passer pour votre banque ou votre employeur. Certains utilisent même des bots ou des outils d'intelligence artificielle pour attaquer des milliers de personnes simultanément.

Leurs motivations varient : l'argent, l'influence politique, la vengeance, l'accès à des données sensibles ou même la reconnaissance dans le monde du cybercrime. Comprendre leur manière de penser est une étape clé pour mieux se protéger.

Le coût de l'ignorance : conséquences personnelles et professionnelles

Ignorer la cybersécurité peut avoir des conséquences graves. Sur le plan personnel, cela peut entraîner un vol d'identité, la perte d'argent, la détérioration de votre crédit ou la divulgation de données privées. Sur le plan professionnel, une violation de données peut détruire la réputation d'une entreprise, entraîner des poursuites judiciaires ou provoquer des pertes financières importantes.

Un simple clic sur un lien malveillant peut suffire à installer un logiciel espion ou un virus qui se propage sur plusieurs appareils. La cybersécurité n'est pas seulement un problème technique — c'est un enjeu de vie quotidienne qui affecte votre sécurité, votre travail et votre tranquillité d'esprit.

L'état d'esprit du débutant : pas besoin d'être un expert

La bonne nouvelle, c'est que vous n'avez pas besoin d'être un expert en informatique pour comprendre les bases de la cybersécurité. Ce qu'il faut, c'est de la vigilance, de bonnes habitudes et la volonté de protéger votre vie numérique. Comme verrouiller une porte, la cybersécurité doit devenir un réflexe.

Commencez par reconnaître la valeur de vos informations. Chaque mot de passe, chaque e-mail, chaque fichier peut être une porte d'entrée pour un cybercriminel. Ensuite, adoptez une attitude critique : cet e-mail est-il légitime ? Ce site est-il sécurisé ? Mon mot de passe est-il suffisamment robuste ? Ces petits réflexes peuvent faire une énorme différence.

Le signal d'alarme

Sophia n'avait jamais vraiment réfléchi à la cybersécurité. Elle était rédactrice freelance, travaillant depuis son appartement, avec une routine simple et entièrement numérique. Comme beaucoup, elle réutilisait ses mots de passe, ignorait les mises à jour et pensait que son antivirus ancien suffisait.

Un matin, son écran devint rouge : « Vos fichiers ont été chiffrés. Payez 1 200 $ en Bitcoin pour les récupérer. » Tous ses documents étaient bloqués. Elle comprit rapidement qu'elle avait été victime d'un rançongiciel après avoir ouvert une pièce jointe frauduleuse.

Cette expérience fut un tournant. Elle perdit une partie de son travail, mais gagna une leçon précieuse. Elle adopta des mots de passe sécurisés, activa l'authentification à deux facteurs, mit à jour ses systèmes et utilisa un VPN. Elle transforma même cette expérience en opportunité professionnelle en écrivant sur la cybersécurité.

Elle comprit que la cybersécurité n'est pas seulement un sujet technique — c'est un sujet humain. Et que chaque personne doit faire un choix : rester vulnérable ou devenir consciente.

Sophia a choisi la vigilance. Et ce choix a tout changé.

Chapitre 2 : Mots de passe, phrases de passe et protection de vos identifiants de connexion

Pourquoi les mots de passe restent la porte d'entrée de votre vie numérique

Les mots de passe sont la forme la plus ancienne de sécurité numérique, mais ils restent aussi l'un des maillons les plus faibles de la cybersécurité personnelle. Chaque application, e-mail, compte bancaire et service cloud commence par une simple connexion — un nom d'utilisateur et un mot de passe. Mais si cette première ligne de défense est faible, tout ce qui se trouve derrière est exposé.

Beaucoup pensent que les cybercriminels utilisent des méthodes complexes pour pirater les mots de passe, mais en réalité, ils exploitent surtout le comportement humain. Les utilisateurs réutilisent leurs mots de passe, choisissent des combinaisons faciles à deviner (comme « password123 ») ou les stockent de manière non sécurisée. C'est pourquoi une grande partie des piratages commence par des identifiants compromis. Renforcer vos habitudes de connexion est l'une des façons les plus simples et efficaces de vous protéger en ligne.

L'anatomie d'un mot de passe fort vs une phrase de passe

Il existe une différence entre un mot de passe et une phrase de passe. Un mot de passe est généralement court, comme « Summer2024! ». Une phrase de passe est plus longue et ressemble à une phrase, comme « LesGirafesDansentLaNuit2025! ». Les phrases de passe sont plus difficiles à deviner, plus faciles à mémoriser et beaucoup plus sécurisées.

Un bon mot de passe repose sur trois principes : longueur, complexité et unicité. Plus il est long, mieux c'est. Il doit inclure des majuscules, minuscules, chiffres et symboles. Et surtout, il ne doit jamais être réutilisé. Utiliser le même mot de passe pour plusieurs comptes revient à utiliser une seule clé pour toute votre vie numérique.

Le danger de réutiliser les mots de passe

Réutiliser un mot de passe peut sembler pratique, mais c'est extrêmement risqué. Les hackers utilisent une technique appelée « credential stuffing » : ils prennent des identifiants volés et les testent automatiquement sur d'autres sites. Si vous utilisez le même mot de passe partout, une seule fuite peut compromettre tous vos comptes.

Même un compte apparemment insignifiant peut devenir une porte d'entrée vers vos e-mails, vos finances ou vos réseaux sociaux. Utiliser des mots de passe uniques pour chaque compte est essentiel.

Comment gérer ses mots de passe facilement

Avec des dizaines de comptes, retenir chaque mot de passe est impossible sans aide. C'est là qu'interviennent les gestionnaires de mots de passe. Ils stockent et génèrent des mots de passe sécurisés pour chaque compte. Vous n'avez besoin de retenir qu'un seul mot de passe principal.

Ces outils peuvent également remplir automatiquement vos identifiants, suggérer des mots de passe forts et détecter les mots de passe faibles ou réutilisés. Cela simplifie votre vie tout en renforçant votre sécurité.

Ajouter une seconde protection : l'authentification à deux facteurs

Même un mot de passe fort peut être compromis. L'authentification à deux facteurs (2FA) ajoute une couche de sécurité supplémentaire en demandant un code temporaire en plus du mot de passe.

Cela agit comme une deuxième serrure. Même si quelqu'un connaît votre mot de passe, il ne pourra pas accéder à votre compte sans ce code. Il est recommandé d'activer la 2FA sur vos comptes importants.

Adopter l'état d'esprit d'un expert en mots de passe

La cybersécurité repose autant sur les habitudes que sur les outils. Considérez vos mots de passe comme de l'argent : vous ne laisseriez pas des billets traîner n'importe où. Posez-vous toujours les bonnes questions : suis-je sur le bon site ? Mon mot de passe est-il sécurisé ?

De petites actions quotidiennes — comme mettre à jour vos mots de passe ou activer la 2FA — peuvent faire une énorme différence.

Histoire réelle : la leçon de Derrick

Derrick pensait être à l'aise avec la technologie. Il gérait un site e-commerce et plusieurs comptes professionnels. Pourtant, un jour, il a perdu l'accès à tous ses comptes.

Les hackers avaient utilisé un ancien mot de passe qu'il réutilisait sur plusieurs plateformes. Après une fuite de données, ils ont testé ce mot de passe ailleurs — et ont réussi à accéder à ses comptes principaux.

Ils ont pris le contrôle de ses e-mails, de ses paiements et de son site. En quelques heures, son activité était compromise.

Après cet incident, Derrick a complètement changé ses habitudes. Il a créé des phrases de passe longues et uniques, utilisé un gestionnaire de mots de passe et activé la 2FA partout.

Aujourd'hui, il ne considère plus la cybersécurité comme une option, mais comme une nécessité. Son expérience lui a appris une leçon essentielle : un mot de passe n'est pas juste une clé — c'est la protection de toute votre vie numérique.

Chapitre 3 : Reconnaître les escroqueries, le phishing et les attaques d'ingénierie sociale

Pourquoi les cybercriminels ne piratent pas — ils manipulent

Les menaces en cybersécurité ne commencent souvent pas par des pare-feu brisés ou des logiciels malveillants sophistiqués, mais par la tromperie. L'un des outils les plus efficaces des hackers n'est pas le code, mais la manipulation. L'ingénierie sociale consiste à tromper une personne pour qu'elle divulgue des informations sensibles ou accorde un accès — sans qu'aucune intrusion technique ne soit nécessaire. Ces attaques exploitent la psychologie humaine : l'urgence, la peur, la confiance et la curiosité.

Le phishing expliqué : l'appât et l'hameçon du monde numérique

Le phishing est la forme la plus courante d'ingénierie sociale. Il s'agit généralement d'e-mails, de SMS ou de messages frauduleux qui semblent provenir d'une source fiable, comme votre banque ou une entreprise connue. Ces messages incitent souvent à agir rapidement : « Cliquez ici pour vérifier votre compte » ou « Activité suspecte détectée ». Ils redirigent vers de faux sites qui imitent parfaitement les vrais. Une fois vos identifiants saisis, ils sont envoyés directement aux attaquants.

Ces escroqueries deviennent de plus en plus sophistiquées, incluant des logos officiels, des informations personnelles et même des conversations entières. Apprendre à repérer les signes — fautes, liens suspects, pièces jointes inattendues ou pression à agir rapidement — est essentiel.

Les variantes du phishing

Le phishing ne se limite pas aux e-mails. Il existe plusieurs variantes :

- Le spear phishing : attaques ciblées avec des messages personnalisés
- Le smishing : phishing par SMS
- Le vishing : phishing par appels téléphoniques

Ces attaques sont particulièrement dangereuses car elles semblent crédibles et urgentes.

Les techniques d'ingénierie sociale et pourquoi elles fonctionnent

Les attaques d'ingénierie sociale exploitent les émotions humaines. Les cybercriminels se font passer pour des collègues, des clients ou même des dirigeants. Ils créent des situations urgentes ou familières pour vous pousser à agir sans réfléchir.

Le danger réside dans leur apparence normale. Une demande peut sembler routinière, ce qui la rend difficile à détecter.

Comment détecter et réagir

La meilleure défense est le doute. Vérifiez toujours l'expéditeur, survolez les liens avant de cliquer et ne répondez jamais à une demande urgente sans confirmation. Si quelque chose semble étrange, prenez le temps de vérifier.

En cas d'attaque, agissez rapidement : changez vos mots de passe, contactez votre banque et signalez l'incident.

Construire votre « pare-feu humain »

Les outils techniques ne suffisent pas. Vous êtes la première ligne de défense. Développez des habitudes de vigilance et limitez les informations personnelles partagées en ligne.

Une fois que vous comprenez ces techniques, leur efficacité diminue. Une escroquerie ne fonctionne que si vous y croyez.

L'histoire de Janet : une leçon réelle

Janet, assistante dans un cabinet juridique, a reçu un e-mail urgent semblant provenir de son patron, lui demandant d'acheter des cartes-cadeaux pour un client. Elle a agi rapidement sans vérifier et a envoyé les codes — perdant 1 000 $.

Ce n'est qu'après un second message suspect qu'elle a remarqué une légère différence dans l'adresse e-mail. Il s'agissait d'une attaque d'usurpation d'identité.

Après cet incident, elle a appris à vérifier les détails, à éviter les décisions précipitées et à toujours confirmer les demandes sensibles.

Plus tard, elle a réussi à détecter et éviter une nouvelle tentative d'escroquerie — preuve que la sensibilisation fonctionne.

Janet a compris une chose essentielle : la cybersécurité n'est pas seulement technique, elle est humaine. Et chaque personne peut apprendre à se protéger.

Chapitre 4 : Sécuriser vos appareils – téléphones, ordinateurs et tablettes

Pourquoi vos appareils sont les cibles les plus importantes

Beaucoup de gens pensent que la cybersécurité est quelque chose d'abstrait – pare-feu, antivirus, réseaux chiffrés – mais en réalité, elle commence par les appareils que vous utilisez chaque jour. Votre téléphone, votre ordinateur portable et votre tablette sont des portes d'entrée vers vos e-mails, vos comptes bancaires, vos photos, vos fichiers professionnels et votre identité. Si un cybercriminel accède à votre appareil, il accède souvent à tout. C'est pourquoi la sécurité des appareils est la base de toute stratégie de cybersécurité.

Maintenir vos logiciels et systèmes à jour

L'une des actions les plus simples mais les plus importantes consiste à garder votre système d'exploitation et vos applications à jour. Les mises à jour corrigent des failles de sécurité que les hackers exploitent activement. Ignorer ces mises à jour revient à laisser une porte ouverte.

Prenez l'habitude de mettre à jour vos appareils régulièrement et activez les mises à jour automatiques dès que possible.

Renforcer l'écran de verrouillage et les accès

Votre écran de verrouillage est votre première ligne de défense. Utilisez un code long, une empreinte digitale ou la reconnaissance faciale. Évitez les codes simples.

Sur ordinateur, utilisez un mot de passe fort et activez le chiffrement complet du disque. Configurez également le verrouillage automatique après quelques minutes d'inactivité.

Installer des protections de sécurité

Chaque appareil doit être protégé par un antivirus et un pare-feu. Ces outils détectent les menaces et bloquent les activités suspectes.

Sur mobile, soyez prudent avec les applications installées, surtout en dehors des boutiques officielles.

Sécuriser votre connexion Internet

Votre sécurité dépend aussi du réseau utilisé. Protégez votre Wi-Fi domestique avec un mot de passe fort et un chiffrement moderne.

Évitez les réseaux Wi-Fi publics pour les activités sensibles. Si nécessaire, utilisez un VPN pour chiffrer votre connexion.

Sauvegarder et se préparer au pire

Même avec toutes les précautions, un appareil peut être perdu ou volé. Il est donc essentiel de sauvegarder régulièrement vos données, à la fois localement et dans le cloud.

Activez également les fonctions de localisation et d'effacement à distance pour protéger vos données en cas de perte.

Histoire réelle : l'ordinateur oublié de Luis

Luis, graphiste freelance, a oublié son ordinateur portable dans un café d'aéroport. Son appareil n'était pas sécurisé : pas de verrouillage automatique, mots de passe enregistrés, aucune sauvegarde récente.

En quelques heures, ses comptes et ceux de ses clients ont été compromis. Il a perdu des données, des clients et sa crédibilité.

Après cet incident, il a complètement changé ses habitudes : chiffrement du disque, mots de passe forts, sauvegardes automatiques, antivirus et VPN.

Aujourd'hui, il comprend que la cybersécurité commence par des actions simples au quotidien.

Luis a appris une leçon essentielle : protéger ses appareils, c'est protéger toute sa vie numérique.

Chapitre 5 : Navigation Internet sécurisée et protection de votre activité en ligne

Internet n'est pas automatiquement sûr

Naviguer sur Internet est devenu une habitude quotidienne, presque automatique. Pourtant, chaque connexion vous expose à des opportunités... mais aussi à des risques cachés. Hackers, annonceurs, escrocs et collecteurs de données cherchent constamment à obtenir vos informations ou à exploiter votre attention. Penser que « tant que je ne visite pas de mauvais sites, je suis en sécurité » est une idée dépassée. Les menaces peuvent se cacher même dans des plateformes, publicités ou résultats de recherche apparemment fiables.

Choisir un navigateur sécurisé

Votre navigateur est votre porte d'entrée vers Internet. Certains offrent plus de protection que d'autres. Des navigateurs comme Firefox ou Brave intègrent des protections renforcées contre le suivi et respectent davantage la vie privée.

Quel que soit votre choix, gardez toujours votre navigateur à jour et évitez les extensions inutiles, car certaines peuvent être malveillantes.

Reconnaître les sites dangereux

Les cybercriminels créent des sites qui imitent parfaitement les vrais pour voler vos informations. Vérifiez toujours l'URL avant de saisir des données sensibles. Les sites sécurisés commencent par « https:// », mais cela ne garantit pas une sécurité totale.

Évitez les pop-ups suspects, les faux boutons de téléchargement et les liens inconnus. En cas de doute, accédez au site directement en tapant l'adresse.

Wi-Fi public et VPN

Les réseaux Wi-Fi publics sont risqués. Ils peuvent permettre à des hackers d'intercepter vos données.

Utiliser un VPN est l'une des meilleures protections. Il chiffre votre connexion et protège vos informations, surtout en déplacement.

Adopter une bonne hygiène de navigation

Ne laissez pas votre navigateur enregistrer vos mots de passe, surtout sur des appareils partagés. Nettoyez régulièrement vos cookies et votre cache. Déconnectez-vous de vos comptes sensibles après utilisation.

Faites également attention aux permissions demandées par les sites (caméra, micro, localisation) et refusez celles qui ne sont pas nécessaires.

Développer des habitudes intelligentes

La navigation sécurisée repose sur des réflexes simples :
– Utiliser un moteur de recherche respectueux de la vie privée
– Désactiver l'enregistrement automatique des données sensibles
– Installer des bloqueurs de publicité et de traqueurs

Chaque clic peut représenter un risque. En ralentissant et en vérifiant, vous réduisez considérablement votre exposition aux menaces.

Histoire réelle : la publicité piégée

Naomi naviguait sur un blog lorsqu'elle a vu une publicité offrant des sacs de luxe à prix réduit. Le site semblait authentique, alors elle a effectué un achat.

Mais le site a disparu, et sa carte bancaire a été utilisée frauduleusement. Elle avait été victime d'un site de phishing déguisé en boutique légitime.

Après cet incident, elle a appris à vérifier les URL, éviter les publicités suspectes et utiliser un VPN. Elle a également modifié ses habitudes de navigation pour plus de sécurité.

Avec le temps, elle est devenue capable de détecter les tentatives d'escroquerie avant même de cliquer.

Naomi a compris une chose essentielle : Internet n'est pas dangereux en soi, mais chaque clic est une décision. Et avec les bonnes habitudes, vous pouvez naviguer en toute sécurité.

Chapitre 6 : Protéger vos données personnelles et votre vie privée en ligne

Vous partagez plus que vous ne le pensez

Chaque fois que vous naviguez sur Internet, publiez sur les réseaux sociaux, faites des achats en ligne ou utilisez une application, vous partagez des données — parfois volontairement, et souvent sans vous en rendre compte. Votre nom, votre e-mail, votre numéro de téléphone, votre localisation et vos habitudes de navigation sont constamment collectés et analysés. Cet ensemble d'informations constitue votre empreinte numérique, et elle vous suit partout en ligne.

Limiter les informations que vous partagez

L'un des moyens les plus simples de protéger vos données est d'en partager moins. Réfléchissez avant de remplir des formulaires, de vous inscrire à des services ou de donner des autorisations aux applications.

Évitez de publier des informations sensibles sur les réseaux sociaux, comme votre adresse, votre date de naissance ou vos déplacements en temps réel. Utilisez des pseudonymes ou des adresses e-mail secondaires lorsque cela est possible.

Gérer les autorisations des applications

Les applications demandent souvent plus d'accès que nécessaire. Vérifiez régulièrement les autorisations (caméra, micro, localisation, contacts) et désactivez celles qui ne sont pas indispensables.

Désactivez également le suivi publicitaire pour limiter la collecte de données.

Utiliser des outils axés sur la confidentialité

Choisir les bons outils est essentiel. Les navigateurs axés sur la confidentialité comme Firefox ou Brave réduisent le suivi en ligne. Utilisez également des moteurs de recherche respectueux de la vie privée.

Installez des extensions pour bloquer les publicités et les traceurs, et utilisez des services de masquage d'e-mail pour protéger votre adresse principale.

Comprendre les courtiers en données

Les courtiers en données collectent et vendent vos informations personnelles : âge, adresse, habitudes d'achat, etc. Ces données sont utilisées par des entreprises, mais peuvent aussi être exploitées par des escrocs.

Il est possible de demander la suppression de vos données ou d'utiliser des services spécialisés pour réduire votre exposition.

Adopter une habitude de confidentialité

La protection de la vie privée est un processus continu. Vérifiez régulièrement vos paramètres, supprimez les anciens comptes et utilisez des mots de passe sécurisés avec une authentification à deux facteurs.

Même si vous ne pouvez pas effacer totalement votre empreinte numérique, vous pouvez la réduire considérablement.

Histoire réelle : Lena et son empreinte numérique

Lena partageait régulièrement sa vie sur les réseaux sociaux. Un jour, après avoir publié des informations sur son séjour à l'extérieur, elle a été victime d'un cambriolage ciblé.

Les voleurs avaient utilisé ses publications pour savoir qu'elle n'était pas chez elle et où elle habitait.

Après cet incident, elle a réduit son empreinte numérique : suppression de comptes, limitation des informations partagées, gestion stricte des autorisations et utilisation d'outils de confidentialité.

Aujourd'hui, elle continue de partager du contenu, mais de manière plus réfléchie et sécurisée.

Lena a appris une leçon essentielle : protéger sa vie privée en ligne, c'est aussi se protéger dans la vie réelle.

Chapitre 7 : Sécuriser vos e-mails, vos messages et vos comptes de réseaux sociaux

Pourquoi les plateformes de communication sont des cibles privilégiées

Vos e-mails, applications de messagerie et comptes de réseaux sociaux ne servent pas seulement à communiquer — ce sont des actifs numériques de grande valeur. Ils contiennent vos conversations, vos contacts, vos fichiers et, surtout, donnent accès à d'autres services. Si quelqu'un accède à votre e-mail, il peut souvent réinitialiser vos mots de passe et prendre le contrôle de votre identité numérique.

E-mail : la clé maîtresse numérique

Commencez par sécuriser votre e-mail. Utilisez une phrase de passe forte et unique, et activez l'authentification à deux facteurs (2FA), de préférence via une application plutôt que par SMS.

Vérifiez régulièrement les connexions suspectes et les paramètres de sécurité. Assurez-vous qu'aucun transfert automatique d'e-mails n'a été activé à votre insu.

Sécuriser les applications de messagerie

Même si les applications comme WhatsApp, Signal ou Telegram utilisent le chiffrement, elles restent vulnérables si votre compte est compromis.

Activez les options de sécurité disponibles : codes PIN, verrouillage d'enregistrement et protection par écran.

Pour les conversations sensibles, privilégiez des applications offrant plus de confidentialité.

Réseaux sociaux : limiter, protéger et surveiller

Les réseaux sociaux sont des cibles fréquentes pour l'usurpation d'identité et les escroqueries. Ajustez vos paramètres de confidentialité pour limiter l'accès à vos informations.

Activez la 2FA et surveillez les connexions actives. Supprimez l'accès aux applications tierces inutilisées.

Soyez vigilant face aux liens suspects, même envoyés par des contacts connus.

Stratégies de sauvegarde et de récupération

Même avec une bonne sécurité, un compte peut être compromis. Gardez vos informations de récupération à jour et stockez vos codes de secours en lieu sûr.

Téléchargez régulièrement une copie de vos données pour faciliter la récupération en cas de problème.

Adopter de bonnes habitudes

Évitez de cliquer sur des liens non sollicités, ne partagez pas d'informations sensibles par message et maintenez vos applications à jour.

Utilisez des mots de passe uniques pour chaque plateforme et ne les partagez jamais.

Histoire réelle : le message qui n'était pas le sien

Travis, coach et gestionnaire de réseaux sociaux, a découvert que ses comptes envoyaient des messages frauduleux à ses contacts.

Son e-mail avait été compromis via un ancien mot de passe réutilisé. Les hackers ont ensuite pris le contrôle de ses réseaux sociaux et envoyé des liens malveillants en son nom.

Avec l'aide d'un expert, il a sécurisé ses comptes : nouveaux mots de passe, activation de la 2FA, suppression des accès suspects et utilisation d'un gestionnaire de mots de passe.

Aujourd'hui, il surveille activement ses comptes et partage son expérience pour aider les autres à éviter les mêmes erreurs.

Travis a compris une chose essentielle : protéger ses comptes, c'est protéger son identité, sa réputation et la confiance des autres.

Chapitre 8 : Protéger vos enfants et votre famille en ligne

Les menaces numériques ne concernent pas uniquement les adultes — elles touchent toute la famille

Les enfants grandissent aujourd'hui dans un monde connecté où les écrans, les applications et les jeux font partie de leur quotidien. Mais cette connexion s'accompagne de risques : prédateurs, escroqueries, contenus inappropriés et applications qui collectent des données personnelles. En tant que parent ou tuteur, il est essentiel de créer un environnement numérique sûr et responsable.

Sécuriser le réseau et les appareils à la maison

Commencez par protéger votre réseau Wi-Fi avec un mot de passe fort et un chiffrement sécurisé. Créez éventuellement un réseau invité pour éviter que des appareils externes accèdent à vos données personnelles.

Activez les contrôles parentaux sur tous les appareils et configurez des filtres pour limiter les contenus inappropriés.

Éduquer les enfants à la sécurité en ligne

La meilleure protection reste l'éducation. Apprenez à vos enfants à ne pas partager d'informations personnelles en ligne et à reconnaître les dangers.

Expliquez-leur que les inconnus en ligne restent des inconnus, et encouragez-les à parler s'ils rencontrent une situation inquiétante.

Gérer les applications et les réseaux sociaux

Vérifiez les autorisations des applications et limitez l'accès aux données sensibles. Utilisez les filtres d'âge et surveillez les téléchargements.

Retardez autant que possible l'accès aux réseaux sociaux et configurez les comptes en mode privé.

Surveiller et établir des limites

Mettre en place des règles claires est essentiel : temps d'écran limité, zones sans écrans, et discussions régulières sur l'utilisation d'Internet.

Montrez l'exemple en adoptant vous-même de bonnes habitudes numériques.

Créer une culture familiale de confiance

La sécurité numérique ne doit pas être basée sur la peur, mais sur la communication. Encouragez vos enfants à parler librement de leurs expériences en ligne.

Impliquez toute la famille dans la protection des données et limitez le partage d'informations personnelles.

Histoire réelle : l'application secrète

Karen a découvert une application cachée sur la tablette de sa fille Mia, conçue pour dissimuler des contenus.

Après discussion, elle a compris que sa fille était exposée à des pressions sociales en ligne. Au lieu de réagir avec colère, elle a choisi de renforcer la sécurité et d'ouvrir le dialogue.

Elle a mis en place des contrôles, supprimé les applications à risque et instauré des conversations régulières sur la sécurité numérique.

Avec le temps, Mia a appris à reconnaître les dangers et à demander de l'aide.

Karen a compris une chose essentielle : protéger ses enfants en ligne, ce n'est pas tout contrôler — c'est les guider et construire une relation de confiance.

Chapitre 9 : Reconnaître et réagir face au vol d'identité

Comprendre ce qu'est réellement le vol d'identité

Le vol d'identité se produit lorsque quelqu'un utilise vos informations personnelles – comme votre numéro de sécurité sociale, vos coordonnées bancaires ou vos identifiants – sans votre autorisation, souvent pour commettre une fraude. Cela peut inclure l'ouverture de comptes à votre nom, la demande de prêts, ou l'usurpation de votre identité en ligne. Les conséquences peuvent être financières, juridiques et émotionnelles.

Les signes d'alerte

Le vol d'identité ne se manifeste pas toujours de façon évidente. Vous pouvez remarquer des transactions inconnues, recevoir du courrier pour des comptes que vous n'avez pas ouverts ou voir des anomalies dans votre rapport de crédit.

D'autres signes incluent un refus de crédit inattendu, des appels de recouvrement ou des déclarations fiscales déjà déposées à votre nom.

Que faire immédiatement

Si vous soupçonnez un vol d'identité, agissez rapidement. Placez une alerte de fraude auprès des agences de crédit et examinez vos rapports.

Signalez le problème aux autorités compétentes et contactez les institutions concernées pour bloquer ou fermer les comptes compromis.

Protéger vos informations

Changez immédiatement vos mots de passe et activez l'authentification à deux facteurs.

Vous pouvez également geler votre crédit pour empêcher toute nouvelle ouverture de compte sans votre autorisation.

Surveiller votre identité

Inscrivez-vous à des services de surveillance de crédit et vérifiez régulièrement vos relevés bancaires.

Conservez vos documents sensibles dans un endroit sécurisé.

Prévenir les attaques futures

Adoptez de bonnes pratiques : mots de passe uniques, vigilance face aux e-mails suspects, utilisation de VPN et protection des données personnelles.

Détruisez les documents sensibles et informez votre famille des risques.

Histoire réelle : une identité volée

Anthony a découvert des dettes à son nom lors d'un contrôle de crédit pour un emploi. Des comptes avaient été ouverts frauduleusement avec ses informations.

Après une série d'actions — alertes de fraude, signalements officiels, fermeture de comptes — il a réussi à rétablir sa situation.

Il a ensuite renforcé sa sécurité avec des mots de passe uniques, un gestionnaire de mots de passe et la surveillance de son identité.

Aujourd'hui, il détecte rapidement toute tentative suspecte et protège activement ses données.

Anthony a appris une leçon essentielle : votre identité numérique est précieuse, et sa protection doit être une priorité quotidienne.

Chapitre 10 : Développer un état d'esprit durable en cybersécurité

La cybersécurité est un mode de vie, pas une simple checklist

Trop de personnes considèrent la cybersécurité comme une tâche ponctuelle — installer un antivirus, changer quelques mots de passe, activer l'authentification à deux facteurs — puis passer à autre chose. En réalité, la cybersécurité est un état d'esprit. Les menaces évoluent constamment, et votre vigilance doit évoluer avec elles.

Rester informé sans être submergé

Se tenir à jour ne signifie pas devenir paranoïaque. Il s'agit de développer une conscience saine des risques. Lire régulièrement des articles ou suivre des sources fiables permet de mieux reconnaître les menaces.

Partager ses connaissances

La cybersécurité ne concerne pas seulement vous. En partageant vos connaissances avec votre entourage, vous renforcez la sécurité collective.

La plupart des attaques réussissent à cause d'erreurs humaines, pas de failles techniques.

Intégrer la sécurité dans ses habitudes

Adoptez des réflexes simples : utiliser un gestionnaire de mots de passe, vérifier les liens, installer les mises à jour et utiliser un VPN sur les réseaux publics.

Prenez le temps de faire un nettoyage numérique régulier : supprimer les comptes inutilisés, revoir les autorisations et mettre à jour vos mots de passe.

Trouver l'équilibre entre confort et sécurité

La technologie facilite la vie, mais chaque gain de confort peut introduire un risque. Il est important de faire des choix conscients et d'ajouter des protections lorsque nécessaire.

Évoluer avec les menaces

La cybersécurité n'est jamais terminée. Les technologies changent, et les menaces aussi. Restez curieux et prêt à vous adapter.

Préparez-vous également aux incidents : savoir comment réagir en cas de piratage est essentiel.

Histoire réelle : le déclic de Priya

Priya, freelance, a failli perdre son activité après s'être connectée à un faux réseau Wi-Fi.

Ses comptes ont été compromis, ce qui a entraîné des pertes de temps et de confiance.

Cet incident a été un tournant. Elle a adopté de nouvelles habitudes : mots de passe uniques, gestionnaire sécurisé, VPN, mises à jour régulières et sauvegardes.

Avec le temps, la cybersécurité est devenue une partie intégrante de sa vie quotidienne.

Aujourd'hui, elle aide les autres à se protéger et partage son expérience pour sensibiliser.

Priya a compris une vérité essentielle : la cybersécurité n'est pas une action ponctuelle, mais une habitude continue qui donne contrôle et confiance dans le monde numérique.

Épilogue : Un vous plus en sécurité commence maintenant

Si vous êtes arrivé jusqu'ici, félicitations. Vous avez franchi la première — et la plus importante — étape pour protéger votre vie numérique : la prise de conscience. Internet a transformé notre façon de vivre, de travailler et de communiquer. Mais avec cette puissance vient une responsabilité. Nous ne pouvons plus considérer la cybersécurité comme le travail de quelqu'un d'autre, ni supposer que des paramètres configurés il y a des années suffisent encore. La réalité, c'est que les menaces numériques ne dorment jamais. Mais votre capacité à les déjouer non plus.

Vous n'avez pas besoin de devenir un expert en technologie ou un analyste en cybersécurité pour rester en sécurité en ligne. Il vous suffit de rester vigilant, d'adopter de bonnes habitudes et de rester curieux. Chaque histoire de ce livre a montré des exemples réels de personnes ordinaires — entrepreneurs, parents, freelances, étudiants — qui ont été ciblées non pas parce qu'elles étaient célèbres, mais parce qu'elles étaient connectées. Tout comme vous.

Le monde numérique valorise la rapidité, la commodité et le partage constant. Mais ces mêmes qualités peuvent aussi nous exposer. Un clic, un mot de passe réutilisé, un lien non vérifié

— c'est souvent tout ce qu'il faut pour devenir une victime. C'est pourquoi la cybersécurité n'est pas seulement un problème technique. C'est un problème de décision humaine. Et la bonne nouvelle, c'est que l'on peut apprendre. Et vous l'avez déjà fait.

Ce livre ne vous a pas seulement donné des conseils. Il vous a offert un cadre : sécuriser vos appareils, protéger vos comptes, reconnaître les escroqueries, sauvegarder vos données, réfléchir de manière critique et partager vos connaissances avec vos proches. Si vous appliquez ces principes de manière constante — pas parfaite — vous serez déjà plus en sécurité que la grande majorité des gens.

Vous avez maintenant construit une base solide. Le défi consiste désormais à la maintenir.

La cybersécurité n'est pas une destination. C'est un mode de vie. À mesure que de nouvelles menaces apparaissent — phishing généré par l'IA, usurpation biométrique, deepfakes — votre rôle est de vous adapter, pas de paniquer. Restez calme, informé, et lorsque quelque chose vous semble étrange, prenez quelques minutes pour vérifier. Bien souvent, cette pause suffit à éviter une erreur.

Ne vous découragez pas si vous oubliez une étape ou baissez votre vigilance. Ce qui compte, c'est votre capacité à vous corriger. Vous deviendrez plus compétent à chaque lecture, chaque mise à jour, chaque prise de conscience. Considérez votre hygiène numérique comme vous le feriez pour fermer votre porte à clé, vous laver les mains ou attacher votre ceinture. Ce n'est pas spectaculaire. C'est simplement intelligent.

Si vous êtes parent, enseignez ces principes à vos enfants dès maintenant. Si vous êtes manager, formez votre équipe. Si vous faites partie d'une communauté, partagez ce que vous avez appris. La plupart des victimes ne le sont pas par manque d'intelligence, mais parce qu'elles n'ont jamais appris à reconnaître les dangers.

Maintenant que vous savez, vous pouvez montrer l'exemple.

Vous pouvez être la raison pour laquelle votre foyer est plus sûr. Vous pouvez être la personne qui rappelle de vérifier un lien avant de cliquer. Vous pouvez être l'ami qui explique comment protéger son identité ou détecter une arnaque. Une simple conversation peut changer une vie — ou sauver une vie numérique.

Et lorsque vous vous sentez dépassé — par les mots de passe, la confidentialité, ou les réglages — souvenez-vous : vous n'êtes pas impuissant. Vous êtes mieux préparé que la plupart des gens. Et cette préparation est votre avantage.

La cybersécurité ne signifie pas que vous ne serez jamais ciblé. Cela signifie que vous saurez quoi faire lorsque cela arrivera.

Prenez un moment pour apprécier le chemin parcouru. Vous avez appris à reconnaître les menaces, à renforcer vos protections et à adopter de meilleures habitudes. Vous n'avez pas seulement acquis des connaissances — vous avez changé votre manière de penser.

Et c'est là la vraie victoire.

En refermant ce livre, retenez ceci : la cybersécurité ne se limite pas à la défense. C'est une forme de pouvoir. Vous possédez vos données. Vous contrôlez votre identité numérique. Vous définissez vos limites.

Et désormais, vous êtes prêt à les défendre — non pas avec peur, mais avec confiance.

Avancez donc, non seulement comme utilisateur de la technologie... mais comme maître de celle-ci.

Car dans un monde où les données sont une forme de pouvoir, vous venez de devenir plus fort que jamais.

www.ingramcontent.com/pod-product-compliance
Lightning Source LLC
LaVergne TN
LVHW022030200926
848481LV00007B/2617